팔만대장경

3

누구나 다 알지만
잘 안읽은 이야기

3

누구나 다 알지만
잘 안읽은 이야기

팔만대장경

말씀한 이: 부처님

엮은이: 신현득

그림그린이: 송교성

솔바람

차례

3 귀신과 싸운 두 사람

책머리에

팔만대장경은 이야기의 산이지요

국보 32호 팔만대장경은, 나라의 보물입니다. 유네스코에서 세계 기록유산으로 지정한 세계의 보물이기도 합니다.

해인사 대장경은 고려 고종 임금 때 몽고가 침입하자, 부처님 힘을 빌어 나라를 지키기 위해서 1237년부터 16년 동안에 이룩한 것입니다. 호국정신에서 이룬 국가사업이었습니다.

그것은 우리 조상님들이 부처님 말씀 모두를 한 자씩 나무에 새겨서 만든, 8만 1천 258매의 경판입니다.

우리 조상님들은 이 한 자, 한 자를 새기면서 외적이 물러나서 나라에 평화가 오기를, 국민 모두 잘 살게 되기를, 후손이 잘되기를 빌었다 합니다. 팔만대장경은 우리 조상님들이 쌓은 정성더미입니다.

여기에 새겨진 부처님의 가르침은 아주 알기 쉬운 것입니다. 지키기도 쉬운 것이지요. 그 말씀을 다음 몇 마디로 간추릴 수 있습니다.

—착한 일을 하라. 착한 일을 하면 복이 온다. 나쁜 일을 하지 말라. 나쁜 일을 하면 화를 만난다.

이 가르침은, 착한 일을 한 만큼 복이 오니 착한 일을 많이 하라는 가르침입니다. 이것은 하나의 과학이지요. 나쁜 일을 한 사람에게 복이 오는 일은 절대 없으니까요. 부처님의 말씀 전체가 '복 짓는 방법 배우기'입니다.

인류의 스승이신 부처님은, 지구촌 모두가 그 가르침을 실천해서 복받기를 바라셨습니다. 그래서 더 쉽게 부처님 공부를 할 수 있도록, 재미있는 이야기를 곁들이셨어요. 이것이 '불교 설화', '불교 동화'입니다.

부처님이 들려주신 이야기는 많고 많아서 몇 편이 되는지는 아직까지 밝혀내지 못하고 있습니다. 간단히 '이야기의 산'이라 하면 될 것입니다. 팔만대장경은 복 짓는 이야기의 산입니다.

그래서 지구촌 사람들은 부처님을 세계 최초의 이야기 할아버지로 부르게 되었고, 부처님 말씀인 팔만대장경이 세계 아동문학의 보배 창고인 걸 알게 되었습니다.

부처님은 "나는 수많은 전세상에서 복을 지어 부처가 되었다." 하고, 전생 이야기를 많이 하셨는데 이를 '본생담'이라 합니다.

부처님은 전생에, 착한 코끼리의 왕, 착한 원숭이의 왕, 착한 사슴의 왕, 착한 토끼의 왕, 착한 공작새의 왕, 착한 물고기의 왕으로 있으면서 착한 일로 공덕을 쌓아 부처님이 되셨습니다.

본생담 547개 이야기를 하나로 엮은 '본생경'이 이루어진 것은, 서력 기원전 4세기였습니다. '세계 아동문학사'에서 본생경을 세계 최초의 동화집으로 기록하고 있습니다. 이 이야기를 모두 부처님이 하셨으니 부처님은 세계 최초의 동화작가셨습니다.

부처님이 들려주신 이야기 산의 일부인 본생경을 '자타카'라고도 하는데, 자타카가 유럽에 전해져서 이솝이야기의 일부가 되었다는 것은 퍽이나 흥미 있는 사실입니다. 몇 가지 이야기만 찾아볼까요?

대머리에 붙은 파리를 잡기 위해 몽둥이로 사람을 다치게 한 본생경 44번째 「모기의 전생이야기」가 이솝이야기의 「대머리 남자와 파리」가 되었습니다.

본생경 189번째 「사자 가죽을 쓴 나귀」가, 같은 제목의 이솝이야기 「사자 가죽을 쓴 나귀」가 되었지요. 사람들이 사자 가죽을 쓴 나귀를 사자로 알고 있었는데, 그 나귀가 나귀 울음소리를 냈다가 본색이 드러난 이야기입니다.

암코양이가 나뭇가지에 앉은 닭을 속여서 잡아먹으려다 실패하는, 본생경 383번째 「닭의 전생이야기」는 이솝이야기 「여우와 닭」이 되었답니다.

이처럼 팔만대장경은 이야기의 산이요, 인류의 보물입니다.

이 책 『누구나 다 알지만 잘 안읽은 이야기 팔만대장경』은 엮은이가

2011년 1월부터 2012년 12월까지 법보신문에 연재한 『신현득 할아버지의, 부처님이 들려주신 이야기란다』에서 주로 뽑은 것입니다.

독자들은 우리 조상들이 호국정신에서 이룩한 이 팔만대장경에서 부처님이 들려주신 복 짓는 여러 지혜를 배우게 될 것입니다.

어른들은 어린이에게, 어린이들은 어른에게 서로 읽어주며 이야기 나누는 책이 되길 바랍니다.

사냥꾼과 영양

사냥꾼이 과일나무 밑에서 영양의 발자국을 발견했습니다.

'나무 위에 올라가 숨어 있으면 떨어진 과일을 주워먹으러 오는 양을 잡을 수 있겠군.'

사냥꾼은 나무에 올라가 막대기를 걸쳐 자리를 만들었습니다. 아침에 떨어진 과일을 주워 먹으러 가다가 영양은 생각했습니다.

'저 과일나무에 사냥꾼이 숨어 있을지 모른다.'

영양은 나무 밑으로 바로 가지 않고 가까이에서 머뭇거렸습니다. 사냥꾼은 산양을 유인하느라 과일을 따서 영양 앞에 던졌습니다. 자세히 보니 창을 든 사냥꾼이 나무에 숨어 있었습니다. 영양은 그것을 못 본 척하며 말했습니다.

"에이, 나무야. 과일은 과일 스스로 떨어지게 해야지, 네가 떨어뜨리는 게 아니야. 그건 나무의 규칙 위반이야. 네가 규칙을 위반했으니 나는 다른 나무에 가서 먹이를 찾아야겠어."

(본생경 21번째 이야기)

사자 가죽을 쓴 나귀

어떤 상인이 나귀를 몰고 다니면서 장사를 했습니다.

나귀에 실었던 물건을 내린 다음, 사자 가죽을 입혀서 매어 뒀습니다. 사람들은 정말 사자인 줄 알고 그 나귀 가까이에 가지 않았습니다. 다른 짐승도 가까이 가지 않았습니다.

또, 어느 마을에 가서 주막에 쉬면서, 상인은 사자 가죽을 입힌 나귀를 나무에 매어 뒀습니다. 마을 사람은 사자가 사람을 해칠지 모르니 잡아야 한다고 생각하고 무장을 단단히 했습니다. 무기를 들고, 북을 치고, 고동을 불면서 사자를 향해 쳐들어갔습니다. 나귀는 두려워서 "히히힝!" 하고 나귀 소리를 내고 말았습니다. 마을 사람들은 나귀에게 달려들어 사자 가죽을 벗기고 상인을 몹시 꾸짖었습니다.

(본생경 189번째 이야기)

수렁에 빠진 코끼리

코끼리가 깊은 수렁에 빠졌습니다.

"임금 코끼리가 수렁에 빠졌다!"

사람들은 소리치며 모여 들었습니다.

그런데 코끼리는 몸이 무거워 수렁에서 나오지 못했습니다. 밧줄을 걸었습니다. 수많은 사람이 달려들어 밧줄을 잡아당겼습니다. 그러나 코끼리는 꿈쩍도 하지 않았습니다. 다음에는 밧줄을 여러 마리 코끼리에 묶어 끌어당기게 했습니다. 어림 없는 일이었습니다.

"어쩐담?"

코끼리지기 관리는 어쩔 바를 몰라 쩔쩔매었습니다.

그 때 지혜로운 한 사람이 나섰습니다.

"저 코끼리는 힘이 얼마나 셉니까?"

"전쟁터에 나가서 싸우는걸 보면 힘이 말할 수 없어요."

"그렇다면 코끼리 스스로 수렁 밖으로 달려 나오게 하지요."

슬기로운 사람은 군사를 모아 무기를 들게 했습니다. 북과 나팔을 준비했습니다. 나팔을 불고 북을 쿵쿵 울렸습니다. 종을 땡땡 쳤습니다. 무기를 든 군사는 이리저리 달리면서 고함을 쳤습니다.

“적이 쳐들어온다! 전쟁이다!”

전쟁이라는 말에 코끼리는 힘을 얻었습니다. 수렁에서 슬쩍 나와 북소리 나는 곳으로 달리며 적을 찾았습니다.

(출요경 방일품)

빠지지 않는 낙타 머리

아가리 좁은 항아리에 잡곡을 넣어 두었습니다.

낙타가 잡곡을 훔쳐 먹으려고 머리를 디밀었습니다. 그런데, 낙타 머리가 항아리에서 빠지지 않았습니다.

낙타 임자는 항아리를 잡아당기며 말했습니다.

"항아리를 다치지 않게 해야 한다."

지나가는 마을 사람이 이 광경을 보고 일러 주었습니다.

"항아리를 깨 버리게. 그러다가 낙타까지 죽이겠네."

"안 되지. 항아리를 잃을 수는 없어."

낙타 임자는 온 가족을 불러내어 항아리를 함께 잡아당겼습니다.

그러자 "뚝!" 하고 소리를 내며 항아리 아가리가 갈라지고 말았습니다.

"어? 아까운 항아리가 그만 깨졌어."

낙타임자가 어쩔 줄 모르고 있는데 아들이 말했습니다.

"아버지, 낙타도 죽었어요."

(백유경 75번째 이야기)

쌀을 문 젊은이

갓 결혼한 젊은이가 처가에 갔습니다.

대문 앞에 맛난 찐쌀이 그릇에 담겨 있었습니다. 젊은이는 그 찐쌀을 한 웅큼 집어 입에 넣었습니다. 바로 그때 아내가 나타났습니다.

젊은이는 아내에게 반갑게 인사를 하려 했으나 입에 쌀이 가득 들어 있어 눈으로만 반가운 척했습니다. 그러자 아내가 이상하게 여기고 젊은이의 입을 만져 보았습니다. 입안에 무엇인가 만져지는 게 있었습니다.

'이 양반이 입에 병이 나서 말을 못하는군.'

이렇게 생각한 아내는 아버지를 불렀습니다.

"아버지, 지아비가 왔는데 말을 하지 못합니다. 입을 만져 보니 입안에 큰 종기가 난것 같습니다."

"이걸 어쩌지."

장인 되는 사람이 달려오고 처가 식구가 다 모여 들었습니다.

젊은이는 더욱 입을 벌릴 수 없게 되었습니다.

"이거 야단 났구나. 의사를 불러와서 보여야겠다."

장인은 급하게 의사를 불러 왔습니다.

"내 사위가 입에 종기가 났어요. 커다란 응어리가 만져집니다. 어서 수술을 해 주셔요."

의사는 서둘러 침과 칼을 들이댔습니다.

"아니, 아닙니다!"

젊은이는 그때서야 쌀 한 줌을 뱉어냈습니다.

(백유경 72번째 이야기)

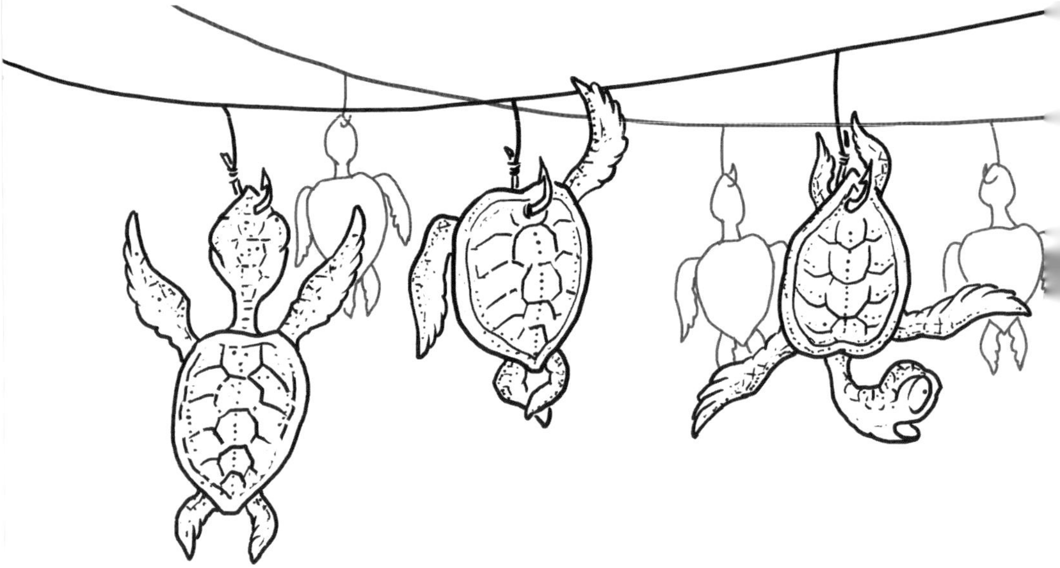

실끝에는 미끼

엄마 거북이 아기 거북 여럿을 데리고 살았습니다.

엄마 거북은 늘 아기들을 타일렀습니다.

"엄마 가까이서 헤엄치며 놀아야 한다. 멀리 가면 고기잡이가 너희 목숨을 노리고 있단다."

그런데 아기 거북들은 엄마 말을 듣지 않았습니다.

어느 날은 일부러 먼 곳을 가 보았습니다.

"야, 여기는 못 보던 곳이다. 처음 보는 물고기도 있네."

좋아서 더 먼 곳으로 헤엄쳐 갔습니다. 길다란 실이 늘어져 있고 실끝에 먹이가 달려 있었습니다.

"이건 맛있는 요리야!"

아기 거북들은 먹이를 하나씩 물었습니다. 그러자 긴 실이 아기 거북들을 잡아끌었습니다. 보고 있는 사이에 아기 거북들은 사라지고 말았습니다. 먹이를 물지 않은 아기 거북 한 마리만 엉엉 울면서 집으로

돌아왔습니다. 엄마 거북은 슬퍼하면서 돌아온 아기 거북에게 말했습니다.

"그러게 뭐라고 했니, 멀리는 가지 말라고 했지?"

(출요경 이양품)

돼지가 부러운 망아지

대월지라는 왕국이 있었습니다. 이 왕궁에서 말과 돼지를 길렀습니다. 돼지에게는 우유에다 볶은 보리를 타 주었습니다. 말에게는 마른 풀을 줄 뿐이었습니다.

돼지는 "꿀꿀꿀." 소리 내며 우유에 탄 볶은 보리를 맛있게 먹었습니다.

이것을 부러운 듯이 바라보며, 망아지가 엄마 말에게 말했습니다.

"엄마, 저 돼지들은 아무 일도 하지 않는데도 좋은 음식을 먹네요."

엄마 말이 대답했습니다.

"돼지에게는 본래부터 좋은 음식이 돌아간단다."

엄마 말을 듣고 망아지는 시무룩해졌습니다.

"우리는 임금님을 위해 얼마나 애를 씁니까. 임금님이 여행을 하실 때는 임금님을 태우고 천리를 달립니다. 화살이 빗발치듯하는 전쟁터에도 나갑니다. 그런데도 마른 풀만 주다니요."

"두고보면 이유를 알 것이다. 우유와 볶은 보리를 부러워하지 말아

라."

엄마 말은 망아지를 조용히 타일렀습니다.

설날이 가까운 어느 날이었습니다.

"꽥 꽥!" 하고 돼지가 울부짖는 소리가 났습니다. 꽁꽁 묶인 돼지가 끓는 물 속에 던져지고 있었습니다.

"엄마, 저기 돼지가 죽어가고 있어요."

망아지가 엄마 말을 보고 말했습니다.

"바로 그것이다. 너는 저 돼지들을 부러워했었지?"

엄마 말의 말에 망아지는 대답했습니다.

"그렇군요. 사람들이 돼지를 살찌운 것은 푸짐한 고기를 얻기 위해서였네요.

(출요경 이양품)

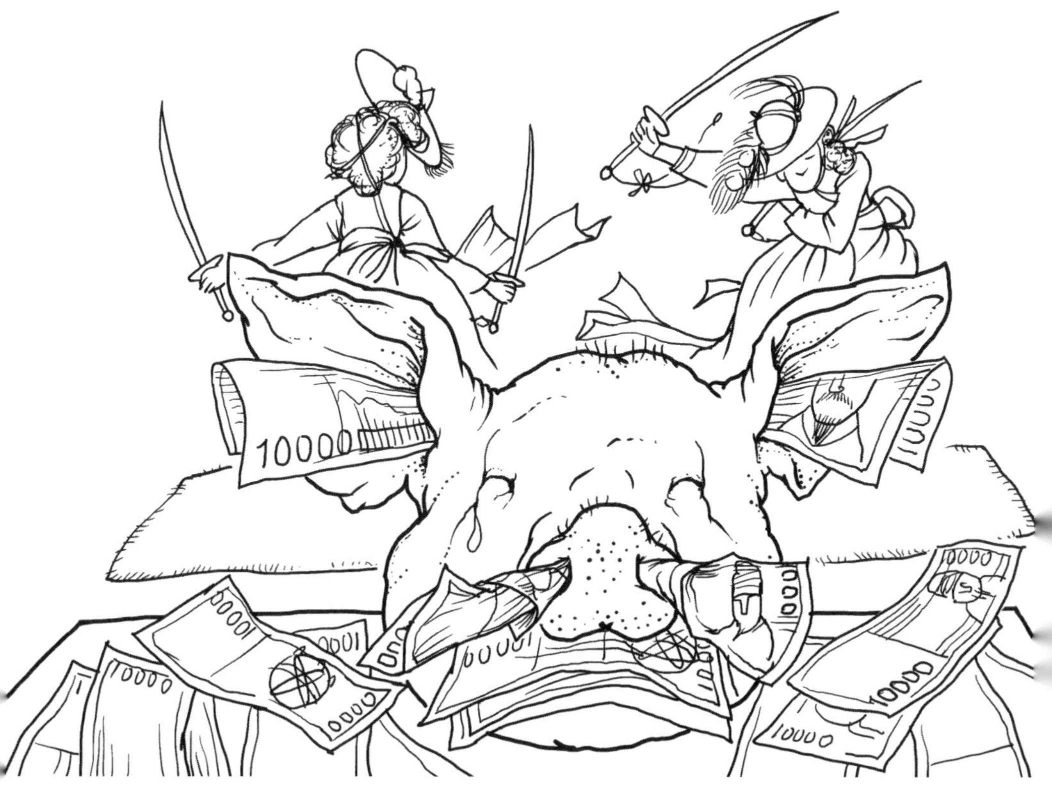

2

콩을 가진 원숭이

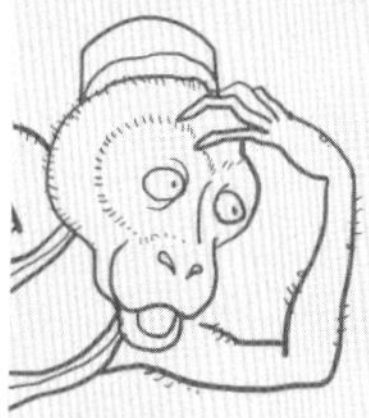

***사제관**

바라문교의 의식을 맡은 관리.

임금 다음의 지위

될만한 욕심을 가져라

어리석은 젊은이가 성내에 갔다가 공주의 아름다운 모습을 보았습니다.

'공주님과 결혼을 해야지.'

어리석은 젊은이는 그 생각으로 밤을 새우다가 병이 나고 말았습니다. 친척들이 모여 걱정을 했습니다.

"무엇 땜에 병이 났나?"

"공주님을 아내로 맞고 싶어요."

그러자 친척들이 그를 나무랐습니다.

"될만한 욕심을 가져야 한다. 그건 어림없다."

"그래도 공주님께 내 뜻을 전해 주세요."

할수없이 친척 한 사람이 사제관을 만나 의논했습니다.

"공주님과 결혼하고 싶어하는 젊은이가 있어요."

"글쎄, 될 것 같지 않소. 그래도 여쭤 보리다."

고개를 갸웃거리며 사제관이 이 이야기를 임금께 여쭈었습니다.

"우리 공주는 이미 정혼을 했소. 사제에게 그 말을 전하려던 참이오."

역시 이루어질 수 없는 일이었습니다. 그러나 이 말을 전해 들은 어리석은 젊은이는 결혼식 준비를 서두르며 말했습니다.

"내 뜻이 전해졌으니 공주님은 이미 내 아내다!"

(백유경 76번째 이야기)

미련한 부부

미련한 부부가 떡 세 개를 나누어 먹고 있었습니다. 한 개씩 먹고 나니 하나가 남았습니다.

"이건 내가 먹을까?"

남편이 남은 것을 잡으려 했습니다.

"안 돼요. 내가 먹을 거여요."

아내가 양보하지 않았습니다. 남편이 말했습니다.

"우리, 말하지 않기 내기를 해서 이기는 사람이 먹기로 하자구."

"그거 좋아요."

"지금부터 먼저 말하는 사람이 지는거요. 합!"

두 사람은 접시에 한 개 남은 떡을 들여다보며 입을 다물고 있었습니다. 그때, 문이 덜컥 열리며 도둑이 들어왔습니다.

"돈 될 것을 모두 내놓아라. 아니면 이거다. 알지?"

얼굴을 가린 도둑이 무기를 내보이며 말했습니다.

남편은 입을 다문 채 장농을 가리켰습니다.

도둑은 장농을 뒤져 금화와 보물을 꺼냈습니다. 그래도 부부는 소리치지 않았습니다. 서로 먼저 소리쳐 주기만 기다리며 입을 다물고 있었습니다. 도둑은 금화와 보물을 보자기에 싸더니 밖으로 달아나려 했습니다.

그때, 아내가 남편에게 소리쳤습니다.

"저 도둑 붙잡아요!"

"음, 떡은 내 차지야!"

남편은, 급히 떡을 집어 입에 넣으며 기뻐했습니다.

(백유경 67번째 이야기)

할머니가 잡은 곰

할머니가 나무 밑에 쉬다가 큰 곰을 만났습니다.

깜짝 놀란 할머니는 나무를 빙빙 돌았습니다. 곰도 할머니를 따라 돌다가 나무를 안고 할머니를 붙잡으려 했습니다.

"이때다!"

소리치며 용감한 할머니는 나무를 안은 곰의 두 앞발을 붙잡았습니다. 곰은 꼼짝을 못하고 발버둥만 치게 되었습니다. 그러나 손을 놓기만 하면 곰에게 목숨을 잃어야 합니다.

이때, 멍청이 한 사람이 지나가고 있었습니다.

할머니가 소리쳤습니다.

"도와 줘요. 곰이어요!"

멍청이는 곰이 할머니의 손에 잡혀 버둥거리는걸 보고 중얼거렸습니다.

"저런 멍청이 곰이 어디 있어. 할머니한테 잡혀 꼼짝을 못 하네."

할머니가 멍청이에게 말했습니다. "앞발을 같이 잡아요. 다른 데는 위험해요!"

그러나 멍청이는

'이런 곰쯤이야 동댕이라도 칠 수 있다.'

생각하고 곰의 허리를 잡아당겼습니다.

곰이 휙 돌아서며 멍청이 얼굴을 할켰습니다.

할머니와 둘이서 곰을 잡기는 했지만 멍청이는

상처를 크게 입었습니다.

(백유경 93번째 이야기)

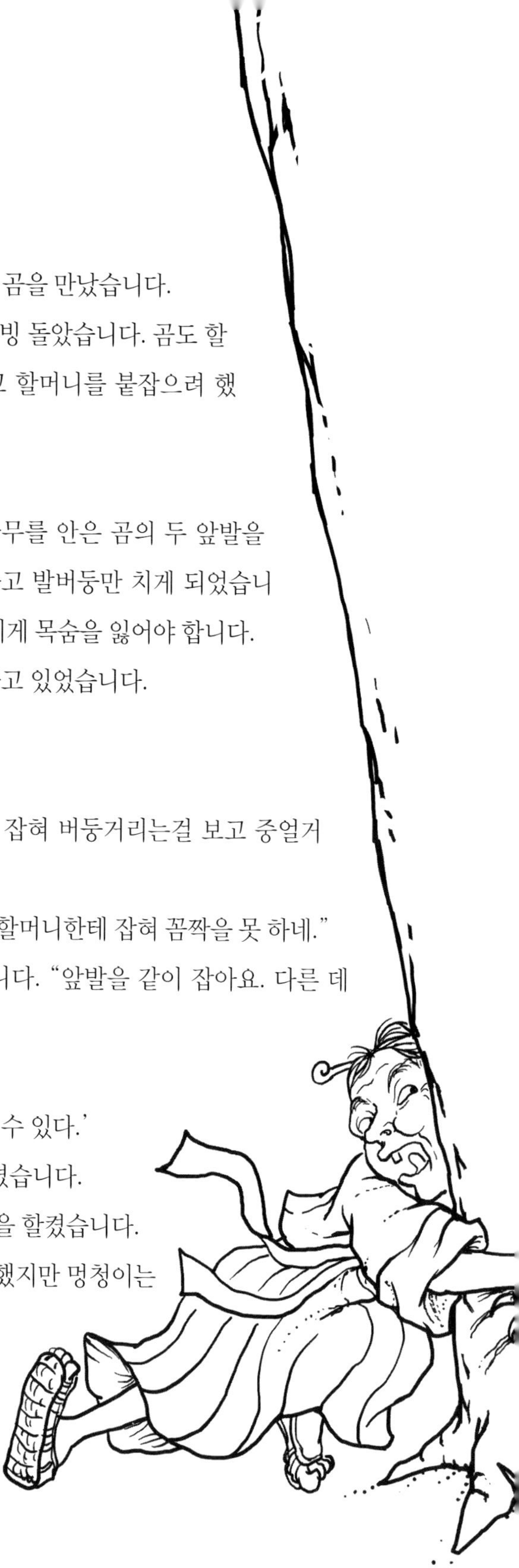

환희환이라는 사탕

유모가 아기를 업고 길을 가고 있었습니다.

길을 가다 지친 유모는 길가에 아기를 내려놓고 잠시 쉬어 가기로 했습니다. 그러다가 깜빡 잠이 들었습니다. 그때, 도둑이 살금살금 와서 아기에게 환희환이라는 사탕을 먹였습니다.

'야, 이건 기막히는 사탕이다!'

환희환의 맛은 비길 데가 없을 만큼 좋았습니다.

아기가 사탕 맛에 취해 있는 동안 도둑은 아기 목에 걸린 보배 목걸이를 벗겼습니다. 몸에 걸친 영락을 벗겼습니다. 귀고리도 뺐습니다. 그래도 아기는 사탕 맛에만 취해 있었습니다. 마지막으로 도둑은 아기가 입은 옷을 벗겨 가지고 달아났습니다.

유모가 깨어 보니 아기가 발가숭이가 돼 있었습니다.

"응, 어떻게 된 거냐?"

놀란 유모는 어쩔 줄을 몰랐습니다.

"유모, 이거 아주 달아."

발가숭이 아기가 빨던 환희환을 내보였습니다.

(백유경 92번째 이야기)

***환희환**歡喜丸

기쁨의 사탕이라는 뜻을 가진 상상의 과자

地下女將軍
天下大將軍

황금 족제비

어떤 나그네가 황금으로 된 족제비를 품에 안고 길을 걸었습니다.

'이것은 굉장한 보물이다!'

그는 황금 족제비를 잃지나 않을까 두려워하면서 계속 살폈습니다.

그런데, 황금 족제비는 금방 무서운 독사로 변하는 것이었습니다.

'아이쿠! 이것이 내 목숨을 노리는군!'

나그네는 독사로 변한 황금 족제비를 버릴까, 어쩔까 망설였습니다. 그러다가 독사에게 물리는 일이 있더라도 안고 가기로 했습니다.

그 때 같이 길을 가던 멍청이 나그네가 이것을 보았습니다.

“왜, 독사를 안고 가시오? 물리면 목숨을 잃을 텐데요?”

그래도 나그네는 독사를 안고 길을 걸었습니다.

독사는 생각했습니다.

‘이 나그네의 마음은 지극하다. 다시 황금 족제비로 돌아가자.’

독사는 다시 황금 족제비가 되었습니다.

다시 멍청이 나그네가 이것을 보았습니다.

“야, 독사가 금방 황금으로 변했군요.”

그는 모든 독사가 황금으로 변하는 것으로 생각했습니다.

어느 날, 멍청이는 독사 한 마리를 보았습니다.

‘저것은 곧 황금이다.’

그는 살금살금 가까이 가서 급히 독사를 끌어안았습니다.

(백유경 89번째 이야기)

콩을 가진 원숭이

한 마리 원숭이가 볶은 콩을 얻어 두 손에 한 웅큼씩 쥐고 있었습니다.

원숭이는 콩을 움켜쥔 손을 보이면서 닭에게 자랑했습니다.

"이건 뭔지 아니? 아주 고소한 콩이라구."

원숭이는 집오리에게도 자랑을 했습니다. 닭과 오리는 원숭이를 쳐다보며 침을 삼키고 있었습니다.

너무 자랑하며 날뛰다가 콩 한 알을 떨어뜨렸습니다.

'이 아까운 콩 한 알을 버리다니?'

그런데 두 손에 콩을 쥐고 있어서 떨어진 콩을 주울 수 없었습니다.

“할 수 없어. 가진 콩을 버리는 수밖에 없다.”

원숭이는 가졌던 콩을 던져 버리고 떨어뜨린 콩을 찾았습니다. 떨어뜨린 콩은 벌써 닭과 집오리 중 누군가 주워 먹고 없었습니다.

“이거, 어디 있는지 보이지 않네.”

원숭이가 한 알의 콩을 찾고 있는 동안 닭과 집오리는 던진 콩까지 다 주워 먹었습니다.

“한 개도 못 찾고 죄다 잃어 버렸군.”

원숭이는 자기의 어리석음을 한탄했습니다.

(백유경 88번째 이야기)

3

귀신과 싸운 두 사람

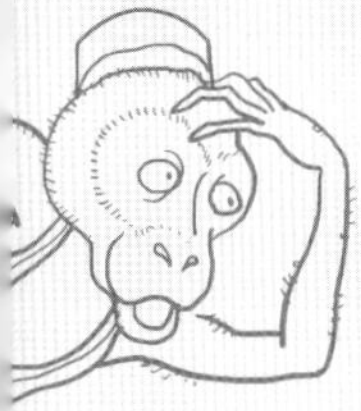

눈 깜빡이 왕

버릇이 나쁜 임금님이 있었습니다. 눈을 자주 깜빡거리는 것이었습니다.

'이건 임금으로서 위엄을 깎는 것이다. 이러지 말자.'

이렇게 다짐했지만 임금님의 버릇은 잘 고쳐지지 않았습니다. 임금님은 새로 한 사람의 신하를 임명했습니다. 윗사람에게 알랑거리기를 좋아하는 사람이었습니다.

'임금님의 바위를 맞추어야 더 높은 자리에 앉을 수 있다.'

이렇게 생각한 신하는 임금님의 마음에 들려고 자기도 눈을 깜빡거리기로 했습니다. 될 수 있는대로 임금님이 보는 앞에서 눈을 깜빡거렸습니다. 충성스러운 신하여서 임금님의 버릇까지 좇고 있다는 걸 보여주기 위해서였습니다.

임금님은 눈을 깜빡거리는 신하를 이상하게 여기고 그를 불렀습니다.

"그대도 나처럼 눈을 자주 깜빡거린다. 눈병이 걸렸는가?"

"눈병이 아니옵니다."

신하는 간사스럽게 웃으며 대답했습니다.

"그럼, 바람을 맞았는가?"

"바람을 맞은 것도 아니옵니다."

"그럼 어째서 눈을 깜빡거리는가, 좋은 버릇도 아닌 것을?"

"실은 상감마마께서 하시는 눈 움직임이 하도 좋아 보여, 그것을 좇아 행할 뿐이옵니다."

이 말을 듣고 임금님은 크게 화를 내었습니다.

"임금의 환심을 사려고 아첨하는 자는 백성을 괴롭히는 자다. 이 사람을 당장 궁궐 밖으로 내쫓아라!"

(백유경 26번째 이야기)

아래층을 두고 위층을 먼저 짓는다

돈을 많이 가진 부자가 3층 누각을 구경했습니다. 그 누각은 높고 아름다웠습니다.

'그 누각이 마음에 든다. 특히 저 3층이 마음에 들어.'

이렇게 생각한 부자는 누각의 3층만 짓기로 했습니다. 그는 곧 목수를 모았습니다.

"나는 강 건너 마을에 가서 누각을 보았네. 참으로 훌륭한 건축이었지. 그 중 3층이 아주 좋았어. 자네들 중에서 이런 누각을 지을 사람이 있는가?"

목수 한 사람이 말했습니다.

"그 누각은 바로 내가 지은 것입니다."

"그럼, 그런 누각을 지어 주게."

목수는 곧 땅을 고르고, 벽돌을 쌓기 시작했습니다. 몇 사람의 인부를 데려와 일을 거들게 했습니다.

부자는 날마다 집 짓는 데에 나타나 일하는 것을 구경했습니다.

그러던 부자가 어느 날 목수를 보고 물었습니다.

"목수는 어떻게 집을 지으려 하는가?"

"어르신 말씀대로 3층 누각을 짓습니다."

"그럼 아래층을 짓고 2층, 3층을 차례로 지을 생각인가?"

"그렇게 해야지요."

부자는 탄식을 하며 말했습니다.

"허허, 그것은 내 뜻을 잘못 알아들은 것이로군. 나는 아래 두 층은 필요가 없네. 맨 위의 3층만 지어 주게"

목수는 화를 내지 않을 수 없었습니다. (백유경 10번째 이야기)

모조리 잇자국을 낸다

어떤 장자가 하인을 불러, 심부름을 시켰습니다.

"과수원에 가서 암바라 열매 백 개만 사오너라. 잘 익고 맛 좋은 것을 사와야 한다."

"예!"

하인은 대답을 하고 암바라 과수원으로 갔습니다.

"달고 맛이 있는 암바라 열매를 골라 주셔요. 내가 맛을 보아야겠어요."

그러자 과수원 주인은 말했습니다.

"우리 과일밭 암바라는 모두 맛이 있네. 한 개만 맛보면 알 것 아닌가?"

"어쨌든 백 개만 주세요. 내가 맛있는 것을 고르겠어요."

하인은 과수원 주인이 내놓은 백 개의 암바라 열매를 모두 조금씩 깨물어서 맛을 보고 말했습니다.

"틀림 없어요. 내가 맛을 보니 모두 맛있는 것뿐이군요. 가지고 가게 그릇에 담아 주셔요."

"장자님, 달고 맛 좋은 암바라만 골라서 사 왔습니다. 여기 있습니다."

하인이 사온 암바라 열매를 보니 모두 잇자국이 나 있었습니다.

(백유경 70번째 이야기)

***암바라**

과일 이름. 암라

귀신과 싸운 두 사람

오래된 빈 집에 귀신이 있다는 말이 퍼졌습니다. 그래서 밤이면 아무도 그 집 가까이에 가지 않으려 했습니다.

담이 세다는 한 사람이 나서서 그 빈 집에서 밤을 새우겠다고 큰 소리쳤습니다. 그러고 아무도 없는 빈 집에 들어가 누워 있었습니다.

또 한 사람, 담이 세다고 생각하는 사람이 있었습니다.

'귀신이 있다면 내가 가서 잡아 오겠다.'

이렇게 생각하고 밤 중에 빈 집으로 들어갔습니다. 발자국 소리가 나자 먼저 들어간 사람은 생각했습니다.

'정말 귀신이 오나 보다.'

그러자 소름이 오싹 끼치도록 무서워졌습니다. 그는 귀신이 들어오지 못하도록 문을 잠갔습니다.

뒤에 온 사람은 안에서 인기척이 있는걸 보고 생각했습니다.

'이놈의 귀신이 있기는 있구나!'

막상 귀신을 만나고 보니 무서운 생각이 났으나 용기를 내어 문을 흔들며 소리쳤습니다.

"이놈의 귀신아, 빨리 문 열어!"

안에서는 문을 열어주지 못하고 벌벌 떨었습니다.

'틀림없이 귀신이 왔구나.'

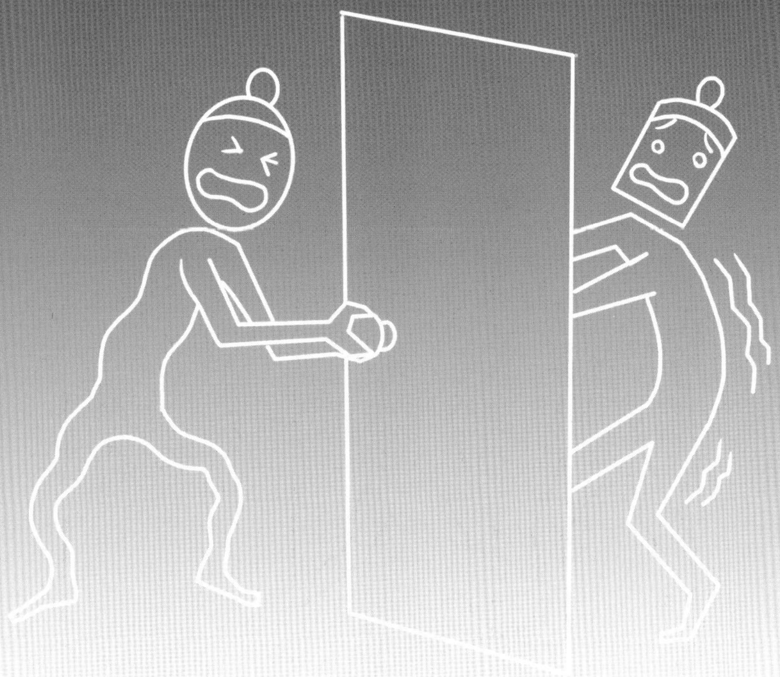

날이 밝아서 알고 보니 서로 아는 사람이었습니다.

"어허! 이거 이웃마을 분이로군요."

"어떻게 여기 와서 이러시오?"

(백유경 64번째 이야기)

화를 잘 내는 친구

여러 사람이 모여, 밖에 있는 친구를 칭찬하고 있었습니다.

"저 사람은 재주가 놀랍단 말이야."

"부지런하기로도 따를 사람이 없지."

"세상 일을 많이 알기로도 첫손을 꼽지."

그러다가 사람들은 충고 한마디를 곁들었습니다.

"그런데, 단 한 가지, 화를 잘 내고 성미가 급하단 말야. 그것만 조심하면 참 좋은 사람이 될 텐데……."

밖에 나가 있던 친구가 이 말을 엿들었습니다. 그는 분함을 참지 못해 문을 훌쩍 열고 들어서면서, 대들었습니다.

“자네들은 모여 앉아 남의 흉만 보는군. 내가 어째서 화를 잘 내고 성미가 급하단 말인가? 나쁜 사람들!”

친구 한 사람이 나서며 일러 주었습니다.

“여보게 지금 바로 그렇지 않은가. 지금 자네는 화를 내고 있네. 매우 급하게 따지고 있어.”

모여 있던 친구들이 하하하, 웃어 버리자, 화를 낸 친구는 멋적게 서 있을 수밖에 없었습니다.

(백유경 13번째 이야기)

누구나 다 알지만 잘 안읽은 이야기

팔만대장경 ③

펴낸 곳 | 도서출판 솔바람

펴낸이 | 이동출

기획한이 | 형난옥

엮은이 | 신현득

그림그린이 | 송교성

편집 | 김용란

디자인 | 김용아

초판 1쇄 인쇄 | 2019년 11월 1일

초판 1쇄 발행 | 2019년 11월 5일

등록일 | 제5-191호 1989.07.04

주소 | 서울시 종로구 삼봉로 81 두산위브 파빌리온 1231호

전화 | 02- 720- 0824 팩스 | 02- 391- 1598

ISBN 978-89-85760-96-6 74220
ISBN 978-89-85760-90-4 74220 (세트)